AF271899

# GUÍA DE LECTURA

### Escrita por Camilo Casallas Torres

# Formas de volver a casa

## de Alejandro Zambra

# ALEJANDRO ZAMBRA

## LA CONSCIENCIA DE LA ESCRITURA

- **Nacido en 1975 en Santiago de Chile (Chile)**
- **Algunas de sus obras:**
  - *Bonsái* (2006), novela
  - *La vida privada de los árboles* (2007), novela

Alejandro Zambra estudió Literatura Hispánica en la Universidad de Chile y luego consiguió una beca para estudiar Filología Hispánica en Madrid. En España se casó y se separó, y durante los años en los que vivió en este país se inició en la poesía con los libros *Bahía inútil* y *Mudanza*, además de trabajar de cartero, en bibliotecas y de ejercer como simple recadero. Más tarde regresó a Chile, donde publicó su primera obra narrativa, la novela *Bonsái*, que cosechó un éxito inmediato.

Zambra se doctoró en Literatura por la Universidad Católica de Chile y actualmente es profesor de esa misma carrera en la Universidad Diego Portales, también en Chile. Su carrera, bastante parecida a la de otros escritores de su generación, ha estado siempre vinculada a la Academia. Además, como otros de sus contemporáneos, escribe columnas de opinión para publicaciones importantes de su país e, incluso, llegó a tener su propio periódico, llamado *Humo*.

La ciudad de Santiago, las casas y el país son temas recurrentes en su escritura, y en sus biografías y entrevistas hay bastantes referencias a este aspecto, a su intimidad. Zambra parece ser un personaje solitario, que sobrevive en recintos poco llenos de objetos, blancos y pulcros, como su escritura.

El escritor chileno se ha convertido en el autor más importante de Chile y en uno de los autores más sobresalientes de la nueva narrativa latinoamericana. Participó en Bogotá 39, un grupo de escritores menores de 39 años elegido por el Hay Festival y Bogotá Capital Mundial del Libro, y está entre los 22 mejores narradores jóvenes, según la revista *Granta*.

Su novela *Bonsái* ha sido llevada a la gran pantalla por Cristian Jiménez y ha sido traducida a varios idiomas.

# FORMAS DE VOLVER A CASA

## UN BARRIO LEJANO

- **Género:** novela/diario
- **Edición de referencia:** Zambra, Alejandro. 2011. *Formas de volver a casa*. Barcelona: Anagrama
- **Primera edición:** 2011
- **Temáticas:** niñez, política, autoría y escritura

*Formas de volver a casa* narra la historia de un niño de clase media que ve de lejos los alcances y terrores de la dictadura chilena. En su inocencia, se acerca a otra pequeña, llamada Claudia, quien está mucho más involucrada en el panorama nacional. Su padre forma parte del Partido Demócrata Cristiano, de izquierda, y por ello es perseguido por el Estado. Sin embargo, nuestro protagonista, quien lo observa todo desde fuera, no comprende la situación de su familia, que está aislada.

Años después, Claudia y el protagonista vuelven a encontrarse. Charlan sobre la política y los enredos familiares de esa turbulenta época. Los descubrimientos, las culpas y el desastre se avecinan sobre dos vidas que ahora parecen ser tranquilas y sosegadas tanto en lo personal como en lo social.

# RESUMEN

## EL CAMINO DEL MEDIO

Una voz sin nombre nos habla. Recuerda su niñez y no sabemos desde qué punto lo hace. ¿Dónde está? ¿Es ya un adulto? ¿Cuánto tiempo ha pasado desde los hechos que narra? Creemos que quien nos habla es un adulto, pero no podemos estar seguros de ello. Lo que sí parece seguro es que una voz adulta recuerda las acciones de un niño en Chile, allá por la década de 1970 o 1980.

La voz nos describe un mundo particular, un entorno urbano y apacible en el que no parece haber sucesos más graves que las pérdidas momentáneas del niño. Su familia es de clase media y viven en Maipú, una comuna de Santiago de Chile, un suburbio alejado del ruido de la ciudad.

Recuerda, no sin extrañamiento, un terremoto —uno de tantos en Chile— que genera tal pánico que todas las familias se reúnen fuera de sus casas para salir ilesos y acompañarse en el temor. Se arman carpas en medio del barrio, se cuentan historias y los adultos beben vino. Un hombre, Raúl, intriga al niño. Es el único del barrio que vive solo, lo cual es extraño en un suburbio en el que todas las familias son las típicas familias felices. Además, sus padres y los vecinos desconfían de él, pues es democratacristiano: forma parte de la izquierda chilena justo en el momento de la dictadura de ese país.

Raúl, en plena noche del terremoto, anuncia que debe ir a buscar a su hermana y a su sobrina, pues está preocupado por ellas. Vuelve luego con las dos, llamadas Magali y Claudia. Raúl se tranquiliza y nuestro narrador se hace amigo de Claudia, su sobrina. Esta le propone un trato: verse más adelante a cambio de que el niño le lleve información sobre Raúl.

Entonces, el niño empieza a espiar a Raúl, hasta el punto de que su actividad se convierte en una obsesión. Observa constantemente su casa y se reúne con Claudia en una cafetería. Claudia no revela muchos más detalles. No dice por qué quiere que nuestro narrador espíe a Raúl, sino que escucha en silencio.

Una noche, el niño ve que una mujer joven sale de la casa de Raúl y decide seguirla, animado por su curiosidad. Se sube a varios autobuses y llega hasta el centro de Santiago. La mujer sabe que el niño lo sigue y parece feliz con la situación. En varias ocasiones sonríe y mira hacia él, e incluso lo ayuda a bajar de un autobús, pues lo ve indefenso. Caminan por callejones hasta que la mujer entra a su casa. El niño, con dificultad, logra regresar a la suya a la una de la mañana para encontrarse con sus padres, que están preocupados.

En la siguiente cita, Claudia llega tarde y con un amigo, Esteban, que es mayor que los dos niños y despierta los celos de nuestro narrador. Por esa razón, este último no le cuenta a Claudia nada sobre la persecución. A partir de entonces no llega puntual a todas sus citas con la chica, pues no confía en ella.

Sin embargo, un día le llega una carta en la que Claudia le pide que se vean y le dice que su madre, que hasta ese momento no estaba enterada de nada, está de acuerdo. La actitud de Claudia le resulta sospechosa al niño, así como el hecho de que Magali esté al tanto de la situación, pero asiste a la cita al ver la urgencia de Claudia. La niña le dice que ya no debe espiar a Raúl, que ya está todo en perfecto orden.

## ¿Sabía que...?

Sin duda, la historia política de Chile es apasionante, contradictoria y trágica. La dictadura chilena es un periodo bien conocido en el mundo hispánico gracias a películas como *No* o *Machuca*, por nombrar algunas de las más recientes. Se trata de una época oscura de desapariciones y exilios de dirigentes y activistas de izquierda. Dos casos bien conocidos son el asesinato del presidente Salvador Allende, magnicidio que es, de hecho, el origen de la dictadura, y la persecución a varios músicos como Víctor Jara o Inti Illimani.

El Partido Demócrata Cristiano, en especial, tuvo un papel bastante contradictorio en el periodo de la dictadura. Algunos de sus líderes, por ejemplo, aplaudieron el derrocamiento de Allende, mientras que otros se manifestaron de manera pública en contra de ese incidente. De hecho, ya había habido una escisión en el interior del partido. Como se trataba de un movimiento de centro-izquierda, pocos años antes de la llegada al poder de Pinochet algunos disidentes del Partido Demócrata Cristiano forman el MAPU (Movimiento de Acción Popular Unitaria), un partido basado en la teología de la liberación y que apoya la candidatura de Salvador Allende.

| Imagen de la bandera del MAPU.

## CUANDO PASE EL TEMBLOR

Ya de adulto, nuestro narrador es profesor de Literatura y escritor. Es soltero y vive lejos de sus padres, en Santiago. Una noche, mientras camina, se encuentra con la casa que había visitado cuando era solo un niño y recuerda la noche en que siguió a la supuesta novia de Raúl hasta allí. Nuestro narrador se siente ansioso: no sabe si visitar la casa o seguir con su vida. Vuelve a espiar la casa y la visita sin aventurarse a llamar a la puerta.

Sin embargo, acaba haciéndolo un día, sin tener un plan premeditado. Se acerca y una mujer le abre. Nuestro narrador cree que es Claudia, pues es parecida. La mujer se burla de él y le dice que no es Claudia, pero que lo recuerda. Se trata de la mujer a la que siguió esa noche y que resulta ser la hermana de Claudia, Ximena, que se muestra hostil con el narrador. Le dice que Claudia vive en los Estados Unidos y que pronto va a volver a Chile, pues su padre está a punto de morir. Cuando el narrador pregunta por Raúl, Ximena le dice que no sabe nada sobre él.

Al volver de los Estados Unidos (o de «Yanquilandia», como dice Ximena), Claudia se reúne con el narrador. El reencuentro es reconfortante, y los dos se sienten bien el uno al lado del otro. De repente, Claudia le cuenta su historia al narrador. Sus padres, Magali y Roberto, eran activistas durante la toma militar. Magali dejó de lado sus responsabilidades políticas, pero Roberto se volvió cada vez más importante como informante de los partidos de izquierda, en ese momento en la clandestinidad. Por consiguiente, las fuerzas del orden comenzaron a buscarlo. Magali y sus dos hijas, Ximena y Claudia, se fueron a vivir a la casa de Maipú que el narrador reconoce de la infancia. Sin embargo, la situación de Roberto cada vez era más dramática, por lo que pidió a su cuñado, Raúl, que abandonara el país y le dejara su identidad. Roberto, conocido como Raúl por el narrador y su familia, se mudó a Maipú y se alejó de sus hijas y su esposa. Así, tras contar esta historia, se despeja el aura oscura y secreta que habitaba el pasado.

Ya en el presente del narrador adulto, Roberto muere. Hay una disputa entre Ximena y Claudia por saber qué va a pasar con la casa paterna. Claudia quiere vender la casa y Ximena se niega. La pelea se intensifica y Ximena echa a Claudia, que le pide hospedaje al narrador, ante lo cual este acepta. Mantienen relaciones sexuales y comienzan un romance extraño y, paradójicamente, solitario.

Claudia le cuenta al narrador historias de su familia, de parientes muertos o exiliados. Al narrador, las historias le resultan ajenas: cuenta, de hecho, que en su familia no hay muertos y que nunca tiene que visitar un cementerio.

La relación transcurre tranquilamente. Claudia le propone al narrador visitar Maipú y ver a sus padres. Estos últimos acogen a la pareja, aunque no entienden bien la relación. Sin embargo, a partir de su encuentro con Claudia, el narrador ha cambiado. Ahora piensa mucho más en la política y en la historia de su país, que se encuentra en ese momento en época de elecciones: la presidenta Michel Bachelet, del Partido Socialista, está a punto de cederle el cargo a su contendiente directo, Sebastián Piñera, mucho más alineado con la derecha.

El padre, desafiante, habla sobre política y dice que puede que en época de Pinochet se hubiera matado a mucha gente, pero que por lo menos había orden. Por fortuna, Claudia no está en ese momento, pero el narrador discute con su padre. La irritación del narrador se vuelve más intensa cuando su madre le muestra unos libros populares sobre romances que está leyendo. El narrador

piensa que sus padres están demasiado acomodados en su posición de la clase media, y que
no piensan en nada más que en su estabilidad.
Sin embargo, al final del viaje, siente cariño por
ellos y se despide con nostalgia por el supuesto
mundo perdido que representan sus padres.

Después del viaje y de varias preguntas por
parte del narrador acerca del interés de Claudia
en visitar a sus padres, Claudia decide terminar
la relación. Está segura de querer volver a los
Estados Unidos, pues no tiene nada que hacer
en Chile y menos después de que Piñera gane
las elecciones. El narrador se pone iracundo y le
dice que lo deja porque está enamorada de otro,
aunque sabe que eso no es cierto.

### ¿SABÍA QUE...?

La presidenta de Chile, Michelle Bachelet,
se unió a la Juventud Socialista durante el
Gobierno de Unidad Popular de Salvador
Allende. El padre de Bachelet fue ascendido
por esa misma época a jefe de las Juntas de
Abastecimiento y Precios. Al negarse a par-
ticipar en el golpe de Estado contra Allende,
los militares lo detuvieron y fue condenado

por traición a la patria. Tras varias horas de tortura, Alberto Bachelet sufrió un infarto y no recibió atención médica, por lo que falleció.

Ya en plena dictadura, Michelle Bachelet también fue detenida y torturada junto con su madre por continuar con su labor en el ahora proscrito Partido Socialista. Sin embargo, gracias a contactos con la cúpula militar, lograron salir del país.

La historia de Claudia y de Bachelet son similares y forman parte de un sinnúmero de casos de exiliados y desaparecidos en Chile entre la década de 1970 y de 1980.

| Fotografía de Michelle Bachelet junto con su padre, Alberto Bachelet.

## REALIDADES ALTERNAS

En la obra, paralela a la historia que ya se ha contado, están los diarios de un escritor. Este escritor parece sugerir que es el mismo Alejandro Zambra y que los diarios se refieren a la escritura del libro *Formas de volver a casa*.

El escritor ha terminado con una mujer, Eme, con la que ha mantenido una relación más o menos formal durante un tiempo. No han vivido juntos, y el escritor no conoce la casa de Eme. Comenta, entre poemas y discusiones sobre la escritura y la política, que la mujer revisaba sus textos todo el tiempo y le daba recomendaciones. La escritura de un nuevo texto, *Formas de volver a casa*, sin embargo, no contará con la revisión de Eme, quien se niega a ver al escritor. La novela y la historia de este escritor se mezclan:

> «Avanzo de a poco en la novela. Me paso el tiempo pensando en Claudia como si existiera, como si hubiera existido. Al comienzo dudaba incluso de su nombre. Pero es el nombre del noventa por ciento de las mujeres de mi generación. Es justo que se llame así. No me cansa el sonido, tampoco. Claudia.

Me gusta mucho que mis personajes no tengan apellidos. Es un alivio» (Zambra 2011, 53).

Se nos revelan luego más detalles sobre esta relación de la novela con la vida del escritor. Sabemos que la novela está inspirada en ciertos episodios de la vida de Eme y que, por esa misma razón, el escritor busca con urgencia recibir sus comentarios, pero la mujer se niega.

Además, el escritor hace un viaje a Maipú, a una casa muy parecida a la que se describe en el libro. Toma notas certeras sobre el ambiente en la casa paterna y revive algunos episodios de su infancia. Su hermana, quien también ha sido invitada, lo devuelve a su casa en coche y le pregunta por la escritura. El escritor le cuenta un poco sobre el libro, y la hermana le pregunta sobre los personajes, pues entiende que se trata de un libro bastante personal y que ella, el mismo escritor y sus padres podrían ser convertidos en personajes. El viaje termina con el escritor pensando que el libro es, sobre todo, una comparecencia de sus padres frente a la historia. ¿Qué hacían durante los asesinatos, las desapariciones y los exilios?

## UNA SEGUNDA REVISIÓN

Eme finalmente acepta leer el texto. El escritor se los solía leer en voz alta, pero esta vez la mujer prefiere leerlo sola en su casa. Cuando el escritor le pide comentarios, la mujer habla con imprecisiones. Es parca y solo dice que se trata de una novela, que él es un escritor, y que seguro que la terminará como es debido.

El escritor reanuda su relación con Eme: van a la playa y por primera. La mujer, sin embargo, se muestra distraída. Lo invita a tomar un té con sus amigos y no le habla, sino que lo ignora.

Son las elecciones de Bachelet contra Piñera, y el escritor decide no visitar la casa de sus padres. Se encuentra con Diego, un amigo también escritor. Esta sección es triste, y el escritor sabe que algo malo va a pasar.

Eme por fin le dice al escritor lo que piensa sobre la novela. Dice que le gusta el texto pero que no sabe cómo sentirse frente al hecho de que haya contado la historia de su vida. Entonces, nos enteramos de que toda la narración está inspirada por completo en Eme. La mujer lo increpa, le reprocha que él no estaba llamado a contar la historia y le dice que no quiere verlo nunca más. El escritor sigue con su novela y visita la casa de Eme por última vez. Escucha a la mujer y a sus amigas reírse en el patio, y no hace nada más.

# ESTUDIO DE LOS PERSONAJES

Los personajes de Alejandro Zambra son, como mucho, fantasmas. No se ofrecen descripciones físicas de ellos y, más bien, se dejan como delineaciones. De hecho, parece claro que son personajes y en ningún momento se nos sugiere la posibilidad de que sean reales y que se deban ver como personas de carne y hueso. Todo lo contrario: estamos frente a construcciones literarias y así deben ser leídas, como borrones, sombras, espectros.

## EL NARRADOR

Cuando hablamos de fantasmas, quizás el aura más espectral de todas las que componen *Formas de volver a casa* sea el mismísimo narrador del relato. Nunca sabemos su nombre, y su cuerpo es uno más de todos los que componen y surcan la ciudad de Santiago de Chile. Una paradoja de este personaje es la cuestión de su existencia en el libro, de suma importancia: el anonimato es lo que lo hace ser partícipe de la historia. Es un niño más de la década de 1980, y luego un adulto cualquiera en la década del 2000.

Sabemos algunas cosas de este narrador, pero se trata de actitudes que, de cierta forma, se podrían ver como negativas, no en el sentido de la virtud, sino como ausencias de características. Por ejemplo, este narrador es callado, no habla demasiado, y hasta sus acciones son para desaparecer: no participa demasiado en la acción si no es para escaparse de su casa en medio de la noche.

La característica fundamental de este personaje es, precisamente y en concordancia con el anonimato, no haber participado de la historia. Es un chico común de la clase media, que no se ha involucrado en las grandes narrativas de la historia: no se ha identificado con ningún partido político y su familia no tiene nada que destaque. No obstante, es a partir de esa ausencia que se dispara su papel en la novela, que es el de observador, analista: ¿qué hago yo aquí, tan tranquilo, después de que haya pasado todo esto y yo casi no me haya dado ni cuenta?

# EL ESCRITOR

Doble o creador del narrador, el personaje del escritor suscita varias preguntas: ¿es Alejandro Zambra o es una ficción más, un personaje cualquiera del libro? Lo cierto es que, al aparecer en el libro, se puede decir que es otro personaje más, transfigurado por la literatura.

Este personaje es bastante parecido al narrador e incluso los lectores podrían identificar a los dos personajes como uno mismo. Sin embargo, se trata de dos entidades distintas. Aunque tanto el narrador como el escritor son escritores profesionales, tienen una familia parecida y parecen vivir en completa soledad, el escritor se sabe creador del narrador. Sabe que escribe una novela sobre un personaje muy parecido a sí mismo y reflexiona sobre ella, cosa que no hace demasiado el narrador:

> «¿Y tú sales en el libro? [pregunta la hermana del escritor]
> Sí. Más o menos. Pero el libro es mío. No podría no salir. Aunque me atribuyera otros rasgos y una vida muy distinta a la mía, igual estaría yo en el libro. Yo ya tomé la decisión de no protegerme» (Zambra 2011, 82).

Así pues, aunque ambos son personajes muy parecidos, en el escritor hay una consciencia más poderosa sobre la escritura, un pensamiento volcado hacia cómo consignar sus ideas en el papel o en el ordenador. Esto, además, está ligado al mundo editorial de Chile: el escritor habla constantemente de otras figuras importantes del mundo literario de ese país.

Como factor fundamental, no se podría decir que el narrador cuenta exactamente una historia, sino que más bien reflexiona sobre la manera de contarla: habla de citas, consigna poemas y comenta la tarea de escribir y, en especial, los estados de ánimo que le son propicios para la escritura.

## CLAUDIA

Aunque el narrador y el escritor son los encargados de dar un marco a la historia, la historia es Claudia. Todos los datos que se nos ocultan y que se le ocultan al narrador son perfectamente escondidos por Claudia. Es ella quien vive en una sombra que se va despejando hasta cierto punto. Ante la inactividad del narrador frente a la política, Claudia se muestra totalmente activa y vive en el centro del huracán durante la dictadura.

Sin embargo, Claudia también es un espectro. Como ya se dijo en el párrafo anterior, es ella quien oculta información de forma sistemática. Su crónica, su vida misma, está oculta para los lectores. Por supuesto, esta es la fuerza de la narración: el interés que nos suscitan los datos escondidos dejados por Claudia a lo largo del texto.

## RAÚL

Raúl es otro personaje espectral. En principio, creemos que se trata del tío de Claudia, pero luego nos enteramos de que se trata de su padre, que trata de escapar de la dictadura. Raúl, sin embargo, es un personaje llamativo para el narrador, un hombre extraño por ser soltero y democratacristiano. Con estas características, su función en la historia es ser el opuesto de los padres del narrador. Mientras que estos últimos son conformistas y no quieren involucrarse en la política, Raúl es el símbolo del compromiso político, un hombre que incluso renuncia a su identidad por serle fiel al Partido.

## LOS PADRES DEL NARRADOR

Extrañamente, los padres del narrador son los personajes mejor definidos. El inconformismo y la culpa son los adjetivos con los que el narrador los podría identificar. El interés por estos temas centrales es lo que hace que el narrador se fije tanto en ellos. La madre es amorosa y lee novelas simples, superventas que el narrador odia. El padre es de origen obrero, pero ha subido tanto en la escala social que no le importa la política; sus intereses son, más bien, mantener a la familia a flote y tener un buen estatus social.

Sin embargo, esta precepción no es estática: el narrador termina por entenderlos de manera parcial. Mira a sus padres con ternura y sabe que, como una fatalidad, la culpabilidad radica en el conformismo.

# CONSIDERACIONES FORMALES

## REPETICIÓN Y ESTRUCTURA

*Formas de volver a casa* es una novela bastante extraña en cuanto a su estructura. Sin embargo, no es enrevesada y no se convierte en un laberinto, por lo que hasta los lectores menos expertos podrán guiarse a través de sus páginas y entender con claridad los sucesos que se narran.

Zambra hace uso de la repetición para mostrar una perspectiva distinta. Con este objetivo, muchos de los sucesos que se narran en las secciones del narrador luego son repetidos por el escritor, o viceversa. Por ejemplo, el escritor cuenta que va a visitar a sus padres y que la madre tiene una colección completa de novelas populares de amor, lo que hace que el escritor se enfurezca y la critique. Luego, en la sección correspondiente al narrador, esta escena se repite de forma casi idéntica.

Así, hay dos tipos de texto en el libro: por un lado, dos grandes secciones relatadas por el narrador que el lector puede considerar en principio la «carne» de la novela, la sustancia más tradicional de esta; por otro, dos secciones que comprenden los diarios del escritor.

Estas secciones se diferencian en especial por dos formas radicalmente opuestas de contar la historia. La relatada por el narrador es contada de forma regular: se explica un suceso tras otro, se cruzan las consecuencias de la historia y de la inocencia y, como resultado, se llega a la separación de Claudia y del narrador. Es decir, que estas dos secciones están compuestas por una historia lineal: un niño ayuda a una niña a espiar a su tío, y años después ese niño se dará cuenta de que ese hombre era en realidad el padre de la niña, que escapaba de la dictadura y había ocultado su identidad.

Por el contrario, los textos del escritor no son lineales o, por lo menos, la linealidad no es su mayor atributo. En cambio, se trata más bien de una colección de poemas, referencias, citas, acontecimientos y relaciones. Al ser un diario de Alejandro Zambra, estos textos se asemejan a retazos apreciativos acerca de la literatura y el mundo, paisajes ideológicos y sentimentales sobre la forma en la que el escritor trabaja y vive.

Lo interesante de esta relación entre esos dos tipos de textos es que nunca se vuelve aburrida. A pesar de que los episodios se repiten, la sensación del lector es que estas dos estructuras se complementan, son dos pares de lados de un cubo complejo que habla sobre la política, la escritura, la familia y el amor.

## EL MINIMALISMO Y LA REPRESENTACIÓN

Quizás la mejor manera de aproximarse a la escritura de Alejandro Zambra sea a partir de su primera novela publicada, *Bonsái*. En la edición de Anagrama del libro, en la contraportada, se dice que la novela no es tanto un relato largo o una novela corta, sino el resumen de una novela, una novela-bonsái. De allí se puede inferir que esa novela no es una novela normal y corriente; como sucede con estas plantas japonesas, sabemos que la mano del hombre ha modificado a la naturaleza y la ha vuelto mínima con el simple objetivo de observarla.

Las novelas de Zambra son a menudo así, resúmenes, pequeños escenarios. Por ello, uno nunca siente que está frente a la realidad, frente a unos sucesos que se dieron de tal forma y que luego fueron consignados de manera fehaciente por una mano escritora. En el caso de *Bonsái*, no vemos a los personajes, solo leemos un resumen de lo que hacen. En cuanto a *Formas de volver a casa*, sabemos que estamos frente a un artefacto literario; durante la lectura, somos conscientes todo el tiempo de que estamos frente a un relato que alguien escribió.

Esto es algo que sabemos gracias al diario de escritura de Zambra, el escritor. Por lo que en él consigna, sabemos que la novela es un producto artificial, pensado y elaborado por una mente literaria. En los diarios se establecen relaciones con el resto del texto, con el alma de la novela, y es por ello que tenemos la sensación de que este es también un relato poco natural, que no nos intenta introducir en la historia como simples espectadores sino que pretende que sepamos que hay algo artificial, una voz que empuja, construida desde la cultura.

Así mismo, hay reflexiones sobre la escritura, los ámbitos que la componen y la cultura literaria:

> «En vez de preguntarme qué clase de libros escribo, sin embargo, la mujer que iba a mi lado quiso saber cuál era mi seudónimo. Le respondí que no tenía seudónimo. Que desde hacía años los escritores ya no usaban seudónimos. Me miró con escepticismo y a partir de entonces su interés en mí fue decayendo. Al despedirnos me dijo que no me preocupara, que tal vez pronto se me iba a ocurrir un buen seudónimo» (Zambra 2011, 69).

El estilo de Zambra es íntimo y minimalista. La consciencia que nos hace tener en torno a lo artificial de la escritura se construye desde una voz poética escasa, que habla con mesura sobre los hechos de la novela. Sin embargo, siempre está presente la percepción de la representación, de que lo que se nos narra es solo un falseamiento de la realidad histórica de Chile, una nueva versión, una copia, una mímesis de sucesos o de historias escuchadas y vividas por el narrador.

Esto quiere decir que hay una traducción y que somos participes de ella. Esta forma de escritura nos hace saber que tenemos a un escritor que construye la historia de determinada forma, que la moldea para determinados propósitos.

# TEMÁTICAS Y CLAVES DE LECTURA

## LA NIÑEZ

El título del libro, *Formas de volver a casa*, tiene que ver con varios episodios que se repiten a lo largo de la novela y que están relacionados con cómo regresar a la casa familiar. De hecho, el primer episodio que se nos cuenta es sobre esas pérdidas: el narrador, de niño, se pierde por un momento de sus padres y decide seguir el camino que venía siguiendo. Finalmente, llega a casa antes que ellos. Cuando su madre, llorando, le dice que se había perdido, el narrador piensa que los que se perdieron fueron ellos.

Este episodio, que forma parte de todo el imaginario de la niñez, es en realidad una metáfora, una representación de toda la toma de consciencia política que tendrá el protagonista de la novela en sus años de adulto. Cuando vuelve a su casa y recrimina a sus padres el hecho de no haber tomado una posición política durante la dictadura, es como si el personaje dijera que él sí ha tomado el camino decisivo, el fundamental y el ético.

Por ello, y siguiendo con la analogía espacial, parece como si la niñez en el libro fuera un portal, un acceso o puerta a los habitáculos de la adultez. Mientras es niño, el narrador transita, inocente, por entre juegos infantiles que luego ve que forman parte de una realidad política fuerte y desesperanzadora. La niñez constituye el paso de la inocencia a la toma de consciencia.

Por ejemplo, para el niño los nombres de los partidos políticos son interesantes como lo sería una adivinanza o un juego:

> «En la villa se decía que Raúl era democrata-cristiano y eso me parecía interesante. Es difícil explicar ahora por qué a un niño de nueve años podría entonces parecerle interesante que alguien fuera democratacristiano. Tal vez creía que había alguna conexión entre el hecho de ser democratacristiano y la situación triste de vivir solo» (Zambra 2011, 17-18).

Tenemos que decir que, para el niño, esta clase de encuentros con lo político no tienen contenido alguno. El que diga «democratacristiano» no significa que haya nociones de izquierda ni de derecha; ni liberales ni conservadoras. Más bien, solo existe el lenguaje y una sensación que parece ser corporal, un acercamiento totalmente cándido a la política y sus avatares.

## POLÍTICA

La política, sin embargo, deja de ser inocente cuando el narrador crece y también con la perspectiva del escritor. Ya no se trata de una colección de palabras extrañas y distantes, sino de una historia en la cual no se tomó parte. Quizás esto sea lo más interesante de *Formas de volver a casa*: a diferencia de otros libros y películas sobre la dictadura chilena, no se trata específicamente de personajes que hubieran estado involucrados en actos políticos y movilizaciones, que permanecen en el anonimato. Todo lo contrario, se trata de la distancia de muchos, que decidieron no tomar parte en esos actos, y también eligieron no posicionarse ni a favor ni en contra de los movimientos de izquierda.

De esta forma, algunas preguntas que rondan el libro son: ¿el no tomar parte en una actividad política hace que el que haya decidido optar por la indiferencia sea culpable de asesinatos, persecuciones y exilios? ¿Cómo pueden hacer los que no han tenido una actitud definitoria en momentos políticos cruciales para entender la experiencia de los que sí fueron perseguidos? ¿Cómo contar la historia de los que no se han involucrado en la historia?

> «No recordaba o no había visto la larga secuencia de *La batalla de Chile* que tiene lugar en los campos de Maipú. Obreros y campesinos defienden las tierras y discuten fuertemente con un representante del gobierno de Salvador Allende. Pensé que ésas bien podían ser las tierras del pasaje Aladino. Las tierras en que luego aparecieron esas villas con nombres de fantasía donde vivimos las familias nuevas, sin historia, del Chile de Pinochet» (Zambra 2011, 65).

Aunque toda la narración se centra en estas preguntas, que tienen ver con una literatura de los acomodados y los conformistas, y en una posible literatura que exprese su dimensión política, las secciones del narrador hacen especial hincapié en estas preguntas de manera directa y concreta, como se ve en la cita de más arriba. No obstante, esta es también una literatura de los hijos de los conformistas y de cómo evalúan la política de sus padres. Estamos frente a otro escenario, no tan cómodo y tan ideal, de una culpa legada a los hijos, que ahora tienen la posibilidad de conocer —como en el caso de la novela— a alguien que sí ha sufrido las consecuencias de la violencia estatal: así pues, nos encontramos frente a una literatura de búsqueda de raíces, de políticas y desencuentros.

Esta búsqueda se enfrenta a la falta de conocimiento y, en especial, a la falta de experiencia. El narrador no puede contar la historia de Claudia porque su familia no ha vivido lo mismo en carne propia, literalmente:

> «Soy el hijo de una familia sin muertos, pensé mientras mis compañeros contaban sus historias de infancia. Entonces recordé intensamente a Claudia, pero no quería o no me atrevía a contar su historia. No era mía. Sabía poco, pero al menos sabía eso: que nadie habla por los demás. Que aunque queramos contar historias ajenas terminamos siempre contando la historia propia» (Zambra 2011, 105).

## AUTORÍA Y ESCRITURA

Como se dijo en la sección dedicada a la estructura del libro, *Formas de volver a casa* es una novela particular, pues tiene una sección tradicional, narrativa, en la que se cuenta una historia de principio a fin, y otra sección dedicada a los diarios del escritor, Alejandro Zambra, mientras compone la novela.

¿Con qué facilidad aceptamos que esta es la verdad? ¿Debemos preguntarnos hasta qué punto es fácil creer que los diarios son fehacientes, que corresponden a la realidad, que Alejandro Zambra en verdad conoció a una mujer llamada Eme y que esa mujer inspiró un libro llamado *Formas de volver a casa*, que tenemos en nuestras manos en este momento, si bien la novela es una construcción artificial, una invención de una mente inteligente y capaz que nos logra meter de lleno en la historia?

Precisamente, el hecho de que exista un diario en el que quede presupuesto que la historia que leemos es artificial, construida por un escritor y la cultura, nos debe dar a entender que ese diario también es una construcción hecha por el escritor, que no hay texto que escape de esta verdad en la mentira: todo lo que leamos, veamos, oigamos y apreciemos es una aparatosa muestra de falsedad, una genial inventiva.

Por supuesto, hay un escritor llamado Alejandro Zambra que va a conferencias y toma vino tinto con sus amigos poetas, pero el Alejandro Zambra de *Formas de volver a casa* es también un personaje literario, un punto en el que se juntan experiencias, influencias y percepciones.

Es por ello que la autoría es un tema tan importante en este libro. Lo que creemos que es verdadero resulta ser una construcción literaria, como los molinos de viento del Quijote. Sumémosle a este tema el hecho de que estamos ante una novela que habla sobre la familia y la política.

Más concretamente, si todo lo que leemos está cubierto por un aura de descreimiento, de artificialidad literaria, debemos emparentar esa aura también con el anonimato de Raúl, por ejemplo. Raúl, el padre y creador de Claudia, se transforma en su tío para escapar de la dictadura. Y el narrador no reconoce a sus padres, los rechaza al enterarse de que no estaban tan en desacuerdo con la dictadura. Es en la familia donde también se desdibuja la identidad de los creadores, de los dadores de vida. ¿Acaso los padres no son parecidos a los autores de textos literarios? ¿No crean ellos también unos personajes y los dotan de identidad?

# PISTAS PARA LA REFLEXIÓN

## ALGUNAS PREGUNTAS PARA PROFUNDIZAR EN SU REFLEXIÓN...

- ¿Qué otras formas de anonimato se le ocurre que existen en el mundo actual? ¿Qué importancia política tienen estas formas?
- ¿Qué papel tiene la mujer en la novela?
- ¿Cómo se representa la ciudad de Santiago de Chile en la novela?
- ¿Existen en su país problemáticas que puedan relacionarse con la que se muestra en la novela?
- ¿Qué papel cree que deben tener los escritores en la política?
- ¿Cómo se representa al arte en la novela?

# PARA IR MÁS ALLÁ

## EDICIÓN DE REFERENCIA

- Zambra, Alejandro. 2011. *Formas de volver a casa*. 1.ª ed. Barcelona: Anagrama.

## ESTUDIOS DE REFERENCIA

- Basavilbaso, Teodelina. 2014. "El chileno Alejandro Zambra escribe la novela que creía que no escribiría". *Fronterad*. 16 de junio. Consultado el 31 de marzo de 2017. http://www.fronterad. com/?q=chileno-alejandro-zambra-escribe-nove- la-que-creia-que-no-escribiria

- Careaga, Roberto. 2011. "Alejandro Zambra: 'Tenía la necesidad de recuperar el paisaje de la infancia y los 80'". *La tercera*. 23 de abril. Consultado el 31 de marzo de 2017. http://diario.latercera. com/2011/04/23/01/contenido/cultura-entreten- cion/30-66718-9-alejandro-zambra-tenia-la-nece- sidad-de-recuperar-el-paisaje-de-la-infancia-y-los. shtml

- Erlan, Diego. s. f. "Alejandro Zambra 'Quiero trabajar sobre la ilusión literaria'". *Revista de cultura*. Consultado el 31 de marzo de 2017. http://edant.revistaenie.clarin.com/ notas/2008/03/29/01638473.html

- Zambra, Alejandro. 2006. *Bonsái*. Barcelona: Anagrama.

## LECTURA RECOMENDADA

- Bolaño, Roberto. 2006. *Nocturno de chile*. Barcelona: Anagrama.
  Esta novela, que seguramente inspiró a Zambra, habla sobre un sacerdote que le da clases de marxismo a Pinochet y que siente culpa por la dictadura.

Made in the USA
Monee, IL
14 November 2025